ILE DE LA RÉUNION

RAPPORT

DE LA COMMISSION

Chargée de donner son avis

SUR UN

PROJET DE LOI

RELATIF AU RÉGIME DU TRAVAIL

DANS LES COLONIES FRANÇAISES

SAINT-DENIS

TYPOGRAPHIE DE GABRIEL LAHUPPE, RUE DU CONSEIL, 119

1876

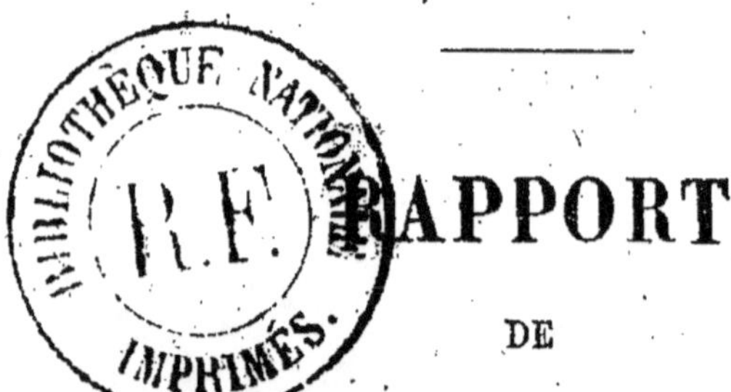

RAPPORT

DE

La Commission chargée de donner son avis sur un Projet de Loi relatif au régime du travail dans les colonies françaises (*).

MONSIEUR LE GOUVERNEUR,

La Commission locale que vous avez composée par votre arrêté du 15 février dernier, en vue de faire étudier les diverses modifications dont serait susceptible le régime du travail dans les colonies, a l'honneur de vous soumettre aujourd'hui le résultat de ses délibérations.

Devant un sujet dont le titre seul annonçait l'importance, et auquel se rattachaient tant de

(*) Membres de la Commission : MM. Zacharie Bertho , conseiller privé, *président;* Echernier, directeur des domaines et des contributions directes; Adrien Bellier, conseiller général; Hoarau La Source , conseiller général; Dufour Brunet, procureur de la République; Ch. Geslin, commissaire d'immigration; Fortuné Naturel, avocat, conseiller général , *rapporteur.*

questions, la Commission avait avant tout, pour assurer sa marche, à rechercher quel devait être son programme d'étude : allait-elle, embrassant le problème général de l'organisation du travail dans les pays d'outre-mer, exposer ses vues personnelles sur un plan de réformes, ou bien se borner à apprécier les diverses dispositions du projet de loi qui lui avait été soumis ? Il nous a paru que la dépêche ministérielle du 25 novembre 1875, en énonçant que *l'opinion que l'on demandait ne saurait porter sur le fond même de la question, mais simplement sur la forme à donner aux mesures qu'il y a lieu d'édicter*, avait pris soin de définir elle-même notre mandat (1). Toutefois nous avons pensé que le vœu du Ministre ne pouvait nous dispenser, et encore moins nous interdire, d'entrer dans quelques explications préliminaires, ne fût-ce que pour faire connaître l'esprit qui a présidé à nos travaux.

On peut dire que la question du régime du travail dans les colonies est née avec l'abolition de l'esclavage. Tant que cette institution, en effet, a duré, il n'y a eu et il ne pouvait y avoir entre le travailleur et le propriétaire d'autres rapports que ceux de l'esclave avec le maître. On ne connaissait d'autre limite aux droits du maître que celle que les sentiments naturels d'humanité commandaient ou celle que, à leur défaut, des mesures de protection avaient su apporter. Quant aux quelques milliers d'étrangers recrutés la plupart dans la population libre d'Asie, après

______

(1) Dépêche du Ministre de la marine et des colonies, au sujet des modifications dont serait susceptible le régime du travail dans les colonies françaises.

la suppression de la traite, ils n'avaient généralement donné lieu qu'à des dispositions relatives à la durée de l'engagement, à la subsistance et au rapatriement.

Mais les choses durent changer avec l'acte considérable de l'émancipation : Le décret du Gouvernement provisoire de la République, du 27 avril 1848, en affranchissant les esclaves, les avait appelés désormais à traiter librement de leurs services avec les anciens propriétaires. Cependant, dans le but de maintenir provisoirement le travail sur les habitations, et d'assurer en même temps l'avenir des 60,000 individus qui allaient, du jour au lendemain, se trouver sans asile et sans ressources, l'Administration locale prit sur elle d'imposer aux affranchis un engagement de travail temporaire, en leur permettant toutefois de choisir à leur gré leurs professions et leurs patrons, et de débattre les clauses et conditions de leur contrat. Tel fut l'objet des arrêtés des 24 octobre 1848 et 6 décembre 1849 qui improvisèrent un premier régime du travail, dans les premiers moments de la transformation qui venait de s'accomplir. Nous devons ajouter que cette mesure fut impuissante à retenir longtemps la population à la grande culture ; les ateliers se vidèrent insensiblement ; et on dût se préoccuper de parer à la crise qui s'annonçait à peu près avec les mêmes caractères dans toutes les possessions françaises. Chacun ne vit alors de salut que dans *l'immigration*, c'est-à-dire le recrutement régulier et suivi de travailleurs libres, empruntés à diverses contrées. Mais, en présence d'éléments nouveaux qui allaient être introduits sur une plus vaste échelle dans les établissements d'outre-mer et appelés à fonctionner dans des conditions spéciales, il fallut une nouvelle réglementation du travail mieux appropriée aux circonstances; et c'est le décret-loi du 13 février 1852 qui y a pourvu. C'est l'acte organique qui, avec quelques arrêtés locaux, forme depuis 25 ans toute la législation en vigueur sur la matière; et c'est aussi l'acte que le Ministre se propose précisément de réviser dans plusieurs de ses dispositions, pour le mettre en harmonie *avec les progrès accomplis dans les mœurs et les institutions* (1). Quand il parut, le législateur d'alors se crut fondé à dire : « Lorsque l'esclavage a été aboli en 1848, les décrets « qui ont consacré cette mesure l'ont accompa- « gnée de quelques dispositions destinées à « donner à la police du travail rural et à la ré- « pression du vagabondage certaines garanties « spéciales, plus sévères que celles du droit com- « mun de la Métropole. Une expérience de plus « de quatre années en a démontré l'insuffisance; « et il est évidemment indispensable de régler « d'une manière plus précise et plus efficace les « rapports des propriétaires avec les travailleurs « coloniaux, et de déterminer strictement leurs « devoirs réciproques (2). » Un autre législateur survient aujourd'hui, et dit à son tour : « Les « conditions actuelles du travail aux colonies, « telles qu'elles résultent du décret du 13 février « 1852, et les divers arrêtés locaux qui ont réglé « l'application de cet acte, ne sont plus en rap-

(1) Dépêche ministérielle du 25 novembre 1875.

(2) Rapport du Ministre de la marine et des colonies au Président de la République, lors de la présentation du décret du 13 février 1852.

« port avec les mœurs actuelles et les modifica-
« tions successivement apportées aux institutions.
« De l'aveu de tous, une réforme est devenue né-
« cessaire ; et la législation existante, énervée
« dans plusieurs de ses dispositions les plus im-
« portantes, a subi en fait par l'action du temps
« des atténuations qu'il est devenu nécessaire de
« consacrer en droit (1). » Il ne faut pas s'é-
tonner de ces renouvellements d'opinions ; ils sont
la conséquence des événements et du mouvement
des esprits ; ils sont souvent aussi la condition du
progrès social. Mais comme les institutions ne
doivent être après tout que l'expression des besoins des sociétés, il importe de les bien envi-
sager avant de les décréter.

La première question qui se posait en un pareil
sujet était celle-ci : Faut-il aux colonies un
régime spécial du travail ? Cette proposition a été
résolue affirmativement par la Commission qui a
élaboré à Paris le projet de loi (2) ; et elle avait été

(1) Rapport présenté, en 1875, au Ministre de la marine et
des colonies par M. le vice-amiral Fourichon, au nom de la
Commission instituée par décision ministérielle du 31 octobre
1872, et composée de : MM. le vice-amiral Fourichon, député
à l'Assemblée nationale, *président* ; de Champvalier, député à
l'Assemblée nationale ; le général Frébault, député à l'Assemblée nationale ; Schœlcher, député de la Martinique à l'Assemblée nationale ; Rollin, député de la Guadeloupe à l'Assemblée
nationale ; Laserve, député de la Réunion à l'Assemblée nationale ; Marc, député de la Guyane française à l'Assemblée
nationale ; le contre-amiral Bourgeois, conseiller d'Etat ;
Ardral, conseiller d'Etat ; Zœpffel, conseiller-maître à la Cour
des comptes, ancien directeur des colonies ; le baron Benoist
d'Azy, directeur des colonies ; de Lormel, gouverneur de la
Réunion ; Rivet, substitut du procureur général de la Martinique ; Roy, chef de bureau à la Direction des colonies, *secré*
taire ; Delagrange, capitaine de frégate, *secrétaire-adjoint.*

(2) Rapport de la Commission de 1872.

résolue déjà dans le même sens par la sous-
Commission chargée de préparer les bases du travail (1). Aux membres qui avaient demandé le droit
commun, il a été répondu, dans la discussion,
que le droit commun était l'absence de toute réglementation, puisqu'il n'existe dans la Métropole aucune législation spéciale, en matière de
travail; qu'abolir brusquement et sans transition
le décret du 13 février 1852, seul acte qui ait
maintenu jusqu'ici le travail, ce serait jeter la plus
grande perturbation dans les rapports créés entre
propriétaires et ouvriers, et supprimer de fait le
travail dans des pays où déjà les besoins, satis-
faits à peu de frais, n'aiguillonnent guère les
hommes; que d'ailleurs tous les pouvoirs qui se
sont succédé en France depuis l'émancipation
ont reconnu la nécessité d'un régime spécial, parce
qu'ils ont été d'accord pour considérer le travail
comme une chose d'ordre public, et même comme
la garantie de la civilisation. Ce premier point
tranché il se présentait une seconde question :
Doit-il exister deux régimes, l'un pour les au-
tocthones, l'autre pour les immigrants? La même
Commission avait dit : *Nous n'avons pas hésité à
répondre négativement à cette question.* Et la
même sous-Commission, avant elle, avait déclaré
qu'une parfaite égalité est nécessaire. Mais, il
va de soi qu'il ne s'agit pas ici de confondre, au
point de vue civil et politique, nos nationaux
avec les travailleurs venus du dehors. Les premiers sont des citoyens français jouissant de tous

_____

(1) Rapport de la sous-Commission composée de : MM. Schœlcher, *président;* de Lormel; Rivet, *rapporteur;* Delagrange,
secrétaire.

les droits attachés à cette qualité; les autres sont des étrangers résidant simplement dans les colonies. Il ne s'agit pas non plus de confondre les mêmes individus, au point de vue économique; car les uns, les indigènes, après avoir traité librement de leurs services et de leurs salaires avec un employeur de leur choix, vivent en dehors de l'action du patron; tandis que les autres se trouvent placés dans les liens d'un contrat de louage à long terme, vis-à-vis d'un engagiste qui leur doit, en retour de leurs services, non-seulement des salaires mais encore certaines prestations.

Ce que la Commission de Paris a entendu affirmer et maintenir, comme le décret de 1852, c'est l'identité de situation, sous le rapport de la juridiction et des pénalités attachées à certains manquements prévus, comme le trouble porté dans les ateliers, la simulation d'engagements, l'embauchage et le recel des travailleurs d'autrui, etc. On a décidé ainsi pour deux raisons, l'une juridique, l'autre toute politique : il n'a pas paru possible d'admettre, d'une part, que dans un même ordre d'idées et de faits, une seule et même chose pût être réputée délictueuse pour un immigrant et non punissable pour un indigène. D'autre part, on a craint que le gouvernement de la Grande-Bretagne ne fût fondé à s'émouvoir, en voyant la France renoncer pour ses nationaux à un régime jugé trop sévère, et cependant l'appliquer aux sujets des autres nations. Enfin, une troisième et dernière question préliminaire restait à résoudre : l'immigration doit-elle être continuée? Il y avait utilité à se prononcer tout d'abord sur un pareil point, puisqu'il s'agissait de légiférer précisément en vue non-seulement des étrangers déjà introduits , mais encore de ceux à introduire.

La nécessité de l'immigration ne saurait être sérieusement contestée dans des pays agricoles, où les bras ne peuvent être facilement remplacés par aucun instrument, quelque perfectionné qu'il soit, et où la partie de la population indigène apte aux grandes exploitations a constamment décru et continué de refuser son concours. On s'était bien flatté, en 1848, que les affranchis reviendraient *au travail purgé de la contrainte et régénéré par la liberté* (1); on avait encore espéré, en 1852, que la présence d'immigrants *deviendrait un stimulant, par suite d'une certaine concurrence dans la main-d'œuvre agricole* (2); mais rien n'y a fait. Aussi le recrutement au dehors a-t-il dû suivre son cours; et c'est à lui que nous sommes redevables des 70,000 travailleurs qui ont approvisionné nos ateliers ruraux et qui, à un moment, ont élevé le chiffre de notre production de 20 millions de kilogrammes à 75 millions.

Cependant l'immigration, comme agent de production, n'en a pas moins été critiquée au sein de la Commission de Paris. « Quelques membres « ont fait ressortir qu'elle venait faire une con- « currence fâcheuse au travail créole; ils ont dit « qu'aux Antilles, à la Guyane, elle profitait « exclusivement à une classe de la population , « celle des propriétaires, bien qu'elle fût subven-

(1) Rapport présenté au Ministre de la marine et des colonies par la Commission instituée à Paris le 4 mars 1848.

(2) Rapport du Ministre de la marine et des colonies au Président de la République, lors de la présentation du décret du 15 février 1852.

« tionnée par le produit de l'impôt payé par tous;
« ils ont affirmé qu'elle n'avait pas contribué
« sérieusement au développement de la richesse
« coloniale, les immigrants emportant quand ils
« quittent le pays les économies qu'ils ont faites
« sur leurs salaires (1). »

L'immigration a justement triomphé de ces re-
proches et a été de nouveau consacrée. A-t-on pu
dire, en effet, avec quelque raison que l'importa-
tion des travailleurs étrangers avait établi, au point
de vue de la main-d'œuvre agricole, une concurrence préjudiciable à nos créoles? Nous ne le pen-
sons pas : d'abord il doit être facultatif aux propriétaires et aux chefs d'industrie de prendre des bras
là où ils en trouvent à meilleur compte; ainsi le
veut la liberté des transactions. N'est-ce pas au
surplus la loi de l'offre et de la demande qui doit
régler, ici comme ailleurs, les rapports entre les
parties? Ensuite, nous ne croyons pas nous trom-
per, en affirmant qu'il dépendrait de l'élément indigène de rivaliser avec l'élément exotique dont
le prix de revient est en somme relativement
élevé, si l'on tient compte, en dehors des salaires,
des frais d'introduction, de la nourriture, des
soins médicaux, du rapatriement, et enfin du
déchet occasionné par la maladie, la mortalité
ou les condamnations judiciaires. L'emploi du
travailleur créole pris sur place, en exonérant
les propriétaires de ces dépenses et de ces risques,
aurait pour conséquence probable de provoquer
une augmentation dans le taux des salaires. Mais,
il faut bien le reconnaître, le concours des immigrants est assuré pour une période de plusieurs

(1) Rapport de la Commission de 1872.

années , moyennant un salaire qui, une fois fixé,
ne varie plus, par suite d'un engagement ferme ;
tandis que celui des travailleurs du pays resterait
précaire et de nature à se prêter à des coalitions
ou à des grèves fatales à un genre d'exploitation et d'industrie qui ne souffre pas de temps
d'arrêt. C'est ce qui a fait dire au rapport de
la sous-Commission « que l'immigration présen-
« te l'avantage de fournir un noyau de travail-
« leurs ne pouvant quitter capricieusement l'ou-
« vrage; et que, dans un cas de chômage ou
« de désertion de l'atelier par les indigènes, le
« propriétaire conserverait le moyen de conti-
« nuer les travaux les plus essentiels et les plus
« urgents (1). »

Ces questions préjudicielles vidées , nous allons
aborder l'examen du projet de loi, article par article , et dans l'ordre même des matières.

---

(1) Rapport de la sous-Commission de 1872.

PROJET DE LOI

TITRE PREMIER

DE L'IMMIGRATION AUX COLONIES

ARTICLE 1er (ANCIEN ARTICLE 1er DU DÉCRET DU 13 FÉVRIER 1852 AMENDÉ)

Les immigrants, cultivateurs ou ouvriers, qui seront engagés pour les colonies, pourront y être conduits, soit aux frais, soit avec l'assistance du Trésor public ou des fonds du service local.

Les conditions auxquelles les allocations de passage pourront être accordées, ainsi que les mesures qui devront être prises pour la protection des immigrants, seront déterminées par un règlement spécial.

(*Adopté*)

Le décret du 13 février 1852 ne déterminait pas les lieux d'enrôlement ; mais le rapport qui l'a précédé laissait entendre alors qu'on aurait la ressource de puiser sur différents points, notamment sur le continent africain, à Madagascar et en Asie. Un peu après cependant, et contrairement aux prévisions, le gouvernement portugais prohibait le recrutement dans ses possessions de la côte de Mozambique ; et plus tard des instructions ministérielles enjoignaient au Gouverneur de la Réunion de suspendre toute opération à la

Côte-Ouest de Madagascar, aux îles Comores ;
et même toute introduction d'immigrants de ces
provenances, ou de Sainte-Marie, de Mayotte et
Nossi-Bé (1). Les établissements anglais de l'Inde
sont donc seuls restés ouverts à l'immigration ,
grâce aux conventions internationales de 1860
et 1861. Le projet actuel ne détermine pas davantage les lieux d'enrôlement, par la raison que
c'est là plutôt une affaire d'administration que
de législation. Il résulte toutefois des renseignements donnés naguère à la Commission de Paris
par le Directeur des colonies, que de nouveaux
centres de recrutement ont été ouverts dans
l'Inde anglaise; et que déjà la place de Calcutta
aurait fourni, dans les conditions les plus favorables, un certain nombre de convois à la Guadeloupe et à la Guyane.

L'article 1er du projet, reconnaissant à l'immigration un caractère d'utilité générale, rappelle
qu'elle pourra s'effectuer soit aux frais, soit avec
l'assistance de l'Etat. Le concours de l'Etat avait
été déjà consacré antérieurement par des lois de
finances ; et des allocations ont même longtemps
figuré au budget du Ministère de la marine et des
colonies. Le même article ajoute que l'immigration pourra aussi s'effectuer, dans chaque colonie, avec le concours des fonds du service local.
Le décret de 1852 ne pouvait pas s'exprimer autrement à l'époque où il a paru ; car alors il fallait bien autoriser éventuellement les gouverneurs, maîtres des finances coloniales, en vertu
des pouvoirs qui leur avaient été attribués en
1848, à affecter des crédits pour cet objet. Mais

(1) Dépêche du 6 janvier 1859.

depuis, les conseils généraux des colonies sont devenus seuls juges de cette dépense, et n'ont pas besoin, quant à eux, d'être autorisés par une nouvelle disposition de loi.

Maintenant convient-il que chaque colonie intervienne, comme elle y est invitée, pour subventionner l'œuvre soit directement, soit indirectement, comme cela se passe aux Antilles et à la Guyane? En user ainsi, ce serait peut-être donner prise à ceux qui voient déjà un fait fâcheux dans l'immigration fonctionnant avec les propres ressources des intéressés. Il vaut donc mieux, en ceci comme dans beaucoup de cas, laisser chacun pourvoir lui-même à ses besoins, suivant ses forces, en abandonnant toute action à l'initiative privée, sous le contrôle officiel de l'autorité; tel a été le sentiment de la plupart des membres de la Commission.

L'article 1ᵉʳ, dans son dernier paragraphe, parle des mesures qui devront être prises pour la protection des immigrants, et qui seront déterminées *par un règlement spécial*. Nous devons dire que les règlements existent déjà, et en grand nombre. Depuis le décret présidentiel du 27 mars 1852, qui a posé les principes, chacune des colonies auxquelles il s'appliquait s'est empressée, en effet, de le compléter au moyen d'arrêtés d'exécution qui sont en vigueur; les textes ne manquent donc pas. Nous ne voyons cependant aucun inconvénient à ce que l'on édicte une nouvelle réglementation spéciale, surtout si l'on doit y trouver, réunies et refondues dans un seul corps, toutes les dispositions éparses qui se sont succédé et qui souvent produisent quelque confusion. Les colonies doivent se tenir prêtes d'ailleurs à seconder, dans une juste mesure, les éfforts de l'Administration centrale pour tout ce qui tendra à assurer aux coolies une protection plus complète (1).

ART. 2 (ANCIEN ARTICLE 2 AMENDÉ)

Après l'expiration du nombre d'années déterminé par son contrat d'engagement, l'immigrant introduit, soit aux frais, soit avec l'assistance du trésor public ou de la colonie, aura droit, lorsqu'il n'aura encouru aucune condamnation correctionnelle ou criminelle, au passage de retour pour lui, sa femme et ses enfants non adultes.

A l'expiration de son contrat d'engagement, tout immigrant, introduit dans les conditions ci-dessus, qui justifiera d'une conduite régulière et de moyens d'existence, sera admis, sur sa demande, à résider dans la colonie sans engagement ; mais il perdra, dès ce moment, tous droits au rapatriement gratuit.

S'il consent à contracter un nouvel engagement, il conservera son droit au rapatriement à l'expiration de ce second engagement.

(A modifier)

Cet article, comme l'ancien article 2 du décret, fait dépendre le bénéfice du rapatriement gratuit pour l'immigrant, sa femme et ses enfants, de la circonstance qu'il n'aura encouru aucune condamnation correctionnelle ou criminelle. Mais, on n'a pas pris garde que l'article 9, § 2, de la convention internationale de 1861, ayant depuis stipulé le droit au passage de retour, sans le su-

(1) Déjà, par une dépêche du 9 juillet 1875, le Ministre de la marine et des colonies a annoncé l'intention de faire demander une augmentation de crédit pour le personnel du syndicat ; et, conformément aux instructions, le Conseil général de la Réunion a été saisi d'un projet de réorganisation de ce service.

bordonner à aucune condition, la restriction dont s'agit ne peut plus subsister vis-à-vis des sujets du Gouvernement Britannique.

En outre, l'article 2 n'admet à la faveur du rapatriement que les enfants *non adultes*, tandis que le même article 9 de la convention porte que le bénéfice du rapatriement s'étendra aux enfants ayant quitté l'Inde âgés de moins de dix ans, et même à ceux qui sont nés dans la Colonie. Enfin, il n'est pas question ici *de prime*, au cas d'engagement volontairement renouvelé; et cependant, la convention en parle expressément. Il y aurait donc lieu de mettre le projet d'accord avec la Convention qui est devenue la loi des parties contractantes. Cette observation se représentera d'ailleurs un peu plus loin.

Le paragraphe premier ne parle que d'immigrant *introduit soit aux frais, soit avec l'assistance du trésor public ou de la colonie*, parce que l'on a supposé ici le concours de l'Etat ou des colonies; mais il va de soi que la disposition est générale et concerne aussi l'immigrant introduit aux frais des particuliers.

Art. 3 (nouveau)

Dans la répartition des travailleurs introduits aux colonies, aucun mari ne sera séparé de sa femme, aucun père, ni aucune mère, de ses enfants âgés de moins de quinze ans. Aucun travailleur, sans son consentement, ne sera tenu de changer de maître à moins d'être remis à l'Administration ou à l'acquéreur de l'établissement dans lequel il est occupé.

(*Adopté*)

Nous avons entendu la dernière partie de cet

article de cette façon : aucun immigrant une fois engagé, après son arrivée dans la Colonie, ne sera tenu, sans son consentement, de changer de maître. Cependant, si un travailleur se refusant à la mutation était remis par son engagiste à l'Administration, celle-ci aurait le droit de lui choisir et de lui imposer un autre employeur. De même encore, si un domaine ou un établissement industriel était aliéné par suite d'une vente volontaire ou forcée, les travailleurs qui y sont attachés seraient tenus de suivre l'acquéreur, ainsi que cela se pratique, sur le continent, pour les métayers.

Cette disposition nous a paru mieux concilier l'esprit d'un contrat, généralement contracté en vue des personnes, avec l'intérêt des propriétaires; elle est du reste plus conforme, sinon à la lettre du moins à l'esprit de l'article 7 de la Convention de 1861.

ART. 4 (ANCIEN ARTICLE 3 AMENDÉ)

Il pourra être perçu, dans chaque colonie, pour le compte du service local :

1° Un droit d'enregistrement sur l'engagement de chaque immigrant, introduit aux frais ou avec le concours de l'Etat ou de la Colonie, et sur chaque transfert ou renouvellement du dit engagement : ce droit sera le même, soit que l'engagement concerne un seul individu, soit qu'il s'applique à une famille ;

2° Un droit proportionnel au montant du salaire de l'immigrant.

Ces droits seront payés par le propriétaire ou patron envers qui l'immigrant s'est engagé. Ils cesseront d'être perçus, à l'égard de chaque immigrant, à l'expiration du délai qui aura été fixé pour le rapatriement, en vertu de l'article 2.

(Adopté)

L'article 3 du décret de 1852 avait pu dire : *il sera perçu* ; mais le projet, tenant compte des pouvoirs constitutionnels dévolus depuis aux conseils généraux des colonies, a dû dire : *il pourra être perçu*. Les assemblées coloniales ont aujourd'hui la faculté d'établir des taxes et d'en déterminer la quotité ; il était par conséquent superflu de s'en expliquer ici. C'est ainsi qu'une taxe dite d'engagement, un moment supprimée en 1871 par le Conseil général de la Réunion, a été rétablie et votée en 1872 par le même Conseil général. L'article 3 pouvait donc disparaître sans faire lacune.

TITRE II

—

DES ENGAGEMENTS DE TRAVAIL ET DES OBLIGATIONS DES TRAVAILLEURS ET DE CEUX QUI LES EMPLOIENT

—

ART. 5 (ANCIEN ARTICLE 4)

Les contrats d'engagement de travail pourront être passés devant les maires ou devant les greffiers des justices de paix.

(*Amendé*)

Il résultera encore de là que les maires et les greffiers des justices de paix ne seront pas seuls appelés à passer des engagements. Quels sont donc les autres officiers publics qui, d'après l'article 5, sont également chargés de cette formalité? Le décret de 1852 ne le disait pas, et le projet ne le dit pas davantage. Aussi, est-ce à la faveur de ce texte que les notaires de la Réunion ont passé des engagements qui ne sont, après tout, que des actes rentrant dans leurs attributions. Mais, devant les inconvénients qui résultaient de cette pratique, devant surtout la difficulté pour ces officiers publics de vérifier avec exactitude si l'une des parties se trouve libérée de tout engagement antérieur, nous avons estimé qu'il était convenable de centraliser toutes les opérations entre les mains des maires qui, avec l'assistance des syndics cantonaux, seront mieux placés pour connaître et apprécier la situation des parties.

Déjà, au reste, un arrêté local du 10 septembre 1872, obéissant aux mêmes considérations, avait interdit aux notaires le droit de passer des engagements ; mais la légalité de cet arrêté, créant une incapacité là où un décret-loi avait paru au contraire consacrer un droit, est des plus contestables. Aussi, la Commission, autant pour faire cesser toute incertitude que pour obtenir le plus de régularité possible dans un service important, propose-t-elle, à la presque unanimité de ses membres, l'amendement suivant :

« *Article 5.* Les contrats d'engagement de tra-
« vail devront être passés devant les maires, avec
« l'assistance des syndics cantonaux. »

ART. 6 (ANCIEN ARTICLE 5)

A l'égard des immigrants, le contrat d'engagement de travail ne pourra, pendant les premiers six mois de leur arrivée, être transféré à un tiers, sans l'approbation de l'Administration.

(Adopté)

Un membre a demandé la suppression de cet article : la prohibition , a-t-il dit, s'expliquait autrefois, parce qu'elle avait pour but de paralyser le trafic des contrats de louage ; mais , aujourd'hui elle n'a plus de raison d'être, par suite de l'article 3 qui a posé en principe que désormais l'immigrant ne sera pas tenu de changer d'engagiste sans son consentement ; cette restriction suffira donc à déjouer la spéculation. Quant à celui qui, de bonne foi mais inconsidérément, aurait traité, à l'arrivée des convois, avec plus d'hommes qu'il n'en avait besoin, pourquoi entraver pendant six mois la cession de partie de ses travailleurs, si ceux-ci y souscrivent ? Néanmoins, la majorité de la Commission a cru devoir conserver la disposition.

Art. 7 (ancien Article 6)

A défaut de conventions contraires, l'engagé subira, pour chaque jour d'absence ou de cessation de travail, sans motif légitime, indépendamment de la privation de salaire pour cette journée, la retenue d'une seconde journée de salaire, à titre de dommages-intérêts, sauf le recours au juge, en cas de contestation.

(A modifier)

Nous renouvellerons ici l'observation faite sous l'article 2 : le décret avait bien établi que l'engagé, pour chaque jour d'absence ou de cessation de travail sans motif légitime, subirait et la privation de salaire pour cette journée et la retenue d'une journée de salaire, à titre de dommages-intérêts ; mais il n'est guère possible aujourd'hui de maintenir cette pénalité, devant les termes formels de l'article 9 de la Convention de 1860 qui énonce que l'immigrant ne devra qu'un nombre de jours égal à celui de l'interruption. D'ailleurs, l'arrêté local du 30 août 1860, pris en exécution de la Convention, avait su déjà conformer son article 32 à la stipulation du traité.

La disposition de l'article 7, empruntée à l'article 6 du décret de 1852, ne peut donc plus subsister, du moins en ce qui concerne les sujets anglais. Et, comme on ne voit pas pourquoi les travailleurs étrangers seraient traités différemment, selon qu'ils auraient telle ou telle origine, nous avons désiré, par un sentiment d'équité, que le bénéfice de la modification à introduire fût étendu indistinctement aux individus de toute provenance.

Quelques membres ont demandé la suppression des mots « à défaut de conventions contraires » comme tout-à-fait inutiles : de deux choses l'une, ont-ils dit, ou *les conventions contraires* intervenues entre engagiste et engagé seront plus favorables à ce dernier; et dans ce cas, elles sont naturellement permises, sans qu'on ait besoin de le dire; ou elles seront plus défavorables, et dans ce dernier cas, elles seraient illicites, comme contraires à l'article 9 de la Convention. Mais, la majorité a insisté pour le maintien des mots à *défaut de conventions contraires*, parce que, d'après elle, ils consacrent la faculté pour les parties de modifier, d'un commun accord, les conditions ordinaires du contrat.

ART. 8 (ANCIEN ARTICLE 7 AMENDÉ)

Quiconque ne fournira pas exactement aux travailleurs engagés par lui, soit les prestations en nature, soit les salaires promis par les contrats d'engagement, pourra, après deux condamnations au civil encourues pour ce fait dans la même année, être puni d'une amende de police de 1 à 15 francs.

Pourra être condamné à la même amende, tout ouvrier, cultivateur ou autre, qui aura subi, dans le cours de trois mois, trois fois la retenue prescrite par l'article 7 de la présente loi.

En cas de récidive, l'emprisonnement de un à cinq jours pourra être prononcé.

La récidive existera, lorsque, dans le cours de la même année, il y aura lieu d'appliquer une seconde fois, dans les conditions posées par les paragraphes 1 et 2 du présent article, une amende de 1 à 15 francs.

(*Adopté*)

L'article 8 a été adopté, bien qu'il attache exceptionnellement la sanction d'une peine de simple police à l'exécution d'un contrat purement civil. Il n'est pas douteux que le projet, comme le décret de 1852, ne se soit proposé d'affirmer le caractère moral des engagements, en traitant l'infraction dont il s'agit comme la violation d'un véritable règlement d'ordre et de police, et en frappant l'une et l'autre partie en faute.

ART. 9 (ANCIEN ARTICLE 8 AMENDÉ)

Lorsqu'un engagement aura été contracté par suite d'un concert frauduleux entre deux parties, en vue de s'assurer indûment les avantages attachés par la loi aux contrats d'engagement, les parties contractantes seront punies d'un emprisonnement d'un mois à un an et d'une amende de 101 à 500 francs.

L'engagement sera déclaré nul.

(*Amendé*)

Il s'agit ici des engagements fictifs. Ils ont été prévus, dès qu'il a été question d'affranchir partiellement les esclaves et de leur imposer en même temps l'obligation d'un engagement de travail temporaire. C'est ainsi que la loi du 18 juillet 1845 avait voulu que l'affranchi, par voie de rachat ou autrement, fût tenu de justifier d'un engagement sérieux et réel ; c'est ainsi encore que, plus tard, après l'émancipation générale, un arrêté du Commissaire général, du 17 février 1849, s'occupa de pourvoir à la répression des engagements fictifs qui s'étaient multipliés dans le but d'éluder les prescriptions de l'arrêté du 24 octobre 1848, dont nous avons eu l'occasion de parler. C'est ce même principe que le décret de 1852 avait repris et formulé en ces termes, dans son art. 8 :

« Lorsqu'un engagement aura été concerté entre
« deux parties, sans intention sérieuse de s'obli-
« ger, en vue de s'assurer frauduleusement les
« avantages attachés par la loi aux contrats d'en-
« gagement, les parties contractantes seront pu-
« nies d'un emprisonnement d'un mois à un an et
« d'une amende de 101 à 500 francs. L'engage-
« ment sera déclaré nul. »

Ce texte, bien que faisant comprendre clairement l'incrimination, péchait cependant par un côté : d'après cet article, trois conditions constituaient le délit : 1° concert entre deux parties ; 2° intention de ne pas s'obliger sérieusement ; 3° but de s'assurer frauduleusement les avantages atta-

chés au contrat d'engagement. Eh bien! nous croyons que les deux premières conditions suffi-
saient. Un engagement n'apparaîtra-t-il pas,
en effet, comme fictif, par cela seul qu'il aura
été concerté entre deux parties, et que toutes
deux se seront entendues pour ne pas l'exécu-
ter, et de fait, ne l'auront point exécuté? N'est-
ce pas là qu'est toute la fraude à punir? Dans
tous les cas, il est certain que la troisième condition dit mal ce qu'elle a voulu exprimer, quand
on la fait consister dans le but de *s'assurer frauduleusement les avantages attachés aux contrats.*
Il arrive en effet que ces avantages qui sont, pour
l'une des parties, les services de l'engagé; pour
l'autre, les salaires et les prestations en nature;
ne se réalisent pas, dans le cas d'un engagement
simulé, puisque le concert a eu pour but de dispenser précisément l'engagé de fournir aucun service, et l'engagiste de fournir aucun salaire ni
aucune prestation. On objectera sans doute que
l'art. 8 a voulu ici viser l'avantage que retire l'engagé, en se créant vis-à-vis de l'autorité une situation en apparence régulière; mais il n'en est pas
moins vrai que cet avantage ne profite qu'à
l'engagé, et ne s'étend pas à l'engagiste. Si cependant l'on tient à caractériser le délit par une troisième condition, il serait plus exact de la faire consister dans le but de *se soustraire aux obligations
attachées par la loi aux contrats d'engagement;* car
c'est là une des conséquences vraies de l'acte
qu'on a voulu réprimer. L'article 8 pouvait donc,
à ce point de vue, être à propos remanié. Mais,
il se rencontre que, dans la modification introduite par le projet, on a conservé le point défec-
tueux et supprimé au contraire un élément utile,
celui relatif à *l'intention de ne pas s'obliger sé-*

rieusement. Aussi, avons-nous été amenés à offrir la rédaction suivante:

Art. 9: « Lorsqu'un engagement aura été frau-
« duleusement concerté entre deux parties, sans
« intention sérieuse de s'obliger, et en vue de se
« soustraire aux obligations attachées par la loi
« aux contrats d'engagement, les parties con-
« tractantes seront punies d'un emprisonnement
« d'un mois à un an et d'une amende de 101 à
« 500 francs........ »

Nous savons que la preuve de cette incrimination est malaisée à administrer, par la raison que les deux parties qui se sont entendues pour frauder, s'entendront encore pour déjouer la répression et se soustraire aux conséquences de leur acte. Mais c'est à la police à recueillir et à rassembler les preuves qu'on peut faire résulter de circonstances diverses comme celles-ci : résidence de l'engagé ailleurs que chez l'engagiste apparent; aucun travail exigé par le prétendu employeur; point de salaire ni de subsistance fournis par ce dernier; prime quelquefois payée par l'engagé pour acheter la complaisance de l'engagiste fictif, etc. Ce sont là, en effet, quelques-unes des circonstances qui seront de nature à mettre sur la voie de la collusion.

Dans les prévisions du décret du 13 février 1852, les dispositions sur les engagements fictifs concernaient aussi bien les engagements contractés par les travailleurs indigènes que ceux contractés par les immigrants, puisque, d'après l'article 12 du décret, l'obligation de l'engagement était générale. Mais, on peut se demander s'il en est encore de même aujourd'hui, alors que le nouvel article 13 du projet, ainsi qu'on va le voir tout à l'heure, a dispensé l'ouvrier créole de tout engagement obligatoire, pour ne le soumettre *qu'au livret facultatif*. L'observation a été faite, au sein de la Commission de Paris, et il y a été répondu que quels que fussent les caractères et les conditions d'un contrat, et dût ce contrat ne contenir qu'une simple constatation des moyens d'existence, *il y avait un intérêt moral à ce qu'il ne pût être établi fictivement* (1).

Art. 10 (Ancien Article 9 amendé)

Les juges de paix continueront à connaître, soit en dernier ressort, soit à charge d'appel, dans les limites déterminées par la loi, de toutes les contestations relatives aux obligations respectives des cultivateurs, ouvriers et gens de service, et de ceux qui les emploient.

Ils connaîtront également des contestations qui pourraient s'élever : sur la tenue et l'entretien du cheptel, cases et des jardins en dépendant ; sur le défaut de contenance du terrain dont la jouissance aura été accordée au cultivateur ; sur l'insuffisance ou le défaut des fournitures des plants ou semences, des outils ou machines nécessaires à l'exploitation de la terre ou à l'exercice de l'industrie.

(*Adopté*)

Les contestations énumérées en cet article sont, par elles-mêmes, du ressort du juge de paix, d'après la loi de 1838 promulguée dans les colonies ; mais on a pensé qu'il y avait quelque utilité, dans une loi spéciale, à bien préciser la juridiction compétente chargée de régler les différends entre engagistes et engagés.

(1) Rapport de la Commission de Paris de 1872.

Art. 11 (ancien Article 10)

Dans toutes les causes mentionnées en l'article 10, excepté celles où il y aurait péril en la demeure et celles dans lesquelles le défendeur serait domicilié hors du ressort de la justice de paix, le juge de paix pourra interdire aux huissiers de sa résidence de donner aucune citation en justice, sans qu'au préalable il ait appelé les parties sans frais devant lui.

(Adopté)

Ici encore, on pouvait s'en référer à la loi de 1838; mais, par la même considération que ci-dessus, on a préféré faire plus que moins.

Art. 12 (nouveau)

Les travailleurs étrangers, résidant mais non domiciliés aux colonies, continuent à être astreints au livret, tel qu'il est établi par les arrêtés locaux sur la matière ou par telles autres dispositions à prendre par les gouverneurs des colonies.

(Adopté)

Art. 13 (nouveau)

Le livret est facultatif à l'égard de tous les autres travailleurs. Il constate :

1° Les dates d'entrée et de sortie de l'employé ;
2° La nature et les conditions de son travail ;
3° Les règlements et les payements de salaires ;
4° Il mentionne également, s'il y a lieu, les avances faites à l'employé et les conventions intervenues entre les parties sur le mode de remboursement des dites avances ;
5° Il constate, à la sortie de l'employé, l'exécution des conventions et l'acquit des engagements.

Le livret est délivré gratuitement par les maires sur la constatation de l'identité et de la position de l'impétrant.

Il est coté et paraphé.

Les livrets actuels demeurent valables dans les conditions de la présente loi.

(Adopté)

Il était difficile de séparer les articles 12 et 13, dans les observations à présenter, car ils sont destinés, par l'ensemble de leurs dispositions, à former le nouveau régime du travail imaginé par le projet.

L'article 12 du décret de 1852 était ainsi conçu : « Tout individu travaillant pour autrui, soit « à la tâche ou à la journée, soit en vertu d'un « engagement de moins d'une année; tout indivi- « du attaché à la domesticité doit être muni d'un « livret. » Cette prescription était générale et s'appliquait à tous les travailleurs, sans distinction d'origine ni de nationalité. C'était donc, pour les travailleurs ruraux, l'obligation ou d'avoir un engagement d'une année au moins, ou d'être porteurs d'un livret; et pour les individus attachés à la domesticité, l'obligation d'être nantis d'un livret, quelle que soit la durée de l'engagement. C'est ainsi que l'avait entendu l'arrêté d'exécution du 31 décembre 1852 : « L'obligation de se « munir d'un livret s'applique à tout individu « travaillant pour autrui, sans distinction d'âge « ni de sexe, qui ne justifie pas d'un engagement « de travail d'une année au moins (1). » Maintenant quel était ce livret? Le décret ne l'avait pas dit ; mais, dans la pensée de l'Administration locale, c'était une une sorte de livret profession-

(1) Art. 1ᵉʳ de l'arrêté du 31 décembre 1852.

nel consistant en une feuille sur laquelle devaient être inscrits les nom, prénoms, profession, domicile du travailleur, et en même temps les conditions de son engagement, s'il était engagé pour moins d'une année. Le nom et le domicile de l'employeur, ainsi que la date de l'entrée en service, devaient aussi y figurer. Cette feuille avait pour but, après la formalité du visa, de faciliter la surveillance de l'autorité, et de protéger celui qui en était porteur contre la présomption de vagabondage (1). Il ne faut pas confondre le *livret* en question avec l'extrait du contrat d'engagement passé devant les maires ou les greffiers de justice de paix, et dont est nanti tout immigrant, pour lui permettre de justifier de sa nationalité et son identité ainsi que des conventions intervenues entre lui et son engagiste ; et qui a été aussi, mais à tort, appelé *livret* dans le langage courant du pays.

Cela exposé, nous dirons que le point en question a donné lieu à des vives controverses dans la dernière Commission de Paris. Cette institution a eu ses partisans et ses adversaires ; les premiers ont dit : « Aux colonies, où les mœurs du travail « sont à créer, le livret est nécessaire. Il faut des « engagements réciproques entre les gens qui con- « courent à la production ; et la forme la plus pra- « tique est encore le livret. Il est comme le pa- « villon qui abrite le travailleur, le soustrait aux « investigations de la police et lui assure le tra- « vail nécessaire. Sans cette garantie, il ne trou- « vera pas d'employeur. C'est donc autant dans « l'intérêt du travailleur que dans celui de la so-

____

(1) Circulaire du Directeur de l'intérieur aux maires, sur l'application de l'arrêté du 31 décembre 1852.

« ciété elle-même qu'il faut maintenir le livret. »
Les autres ont répondu : « Une pareille obliga-
« tion exerce sur le travailleur une contrainte
« voisine du servage. Le livret n'est au surplus
« qu'un moyen d'affirmer l'exécution de l'article
« 16 du décret de 1852, et de rendre le travail
« obligatoire sous des peines correctionnelles ; il
« faut y voir une mesure de suspicion et de tra-
« casserie ; ce n'est point d'ailleurs une garantie
« nécessaire à l'ouvrier pour obtenir de l'emploi,
« puisque de l'aveu de tous, aux colonies, en fait
« de travail, l'offre l'emporte sur la demande.
« D'ailleurs, dans les facilités qu'il donne au tra-
« vailleur pour obtenir des avances, il faut y
« voir un appât dangereux. » Quoi qu'il en soit,
cette Commission, placée entre des appréciations
contradictoires, s'est prononcée pour un *livret facultatif*, et s'est arrêtée au régime que voici : à
l'avenir, les travailleurs résidant mais non domiciliés aux colonies, c'est-à-dire les immigrants,
seront seuls astreints au livret tel qu'il se trouve
déjà établi par les règlements locaux, ou tel qu'il
sera établi ultérieurement, par des arrêtés des gouverneurs (article 12 nouveau). Tous les autres
travailleurs, c'est-à-dire les créoles, seront libres
de se munir ou de ne pas se munir du livret (article 13 nouveau).

Nous n'avons pu que suivre ici les vues d'un
projet que le Ministre, après une Commission
composée d'hommes considérables, a annoncé comme devant réaliser une amélioration commandée
par les mœurs. Plusieurs membres ont été d'autant
plus empressés à accueillir le nouveau régime,
qu'ils ont reconnu que, en fait, les prescriptions
du décret de 1852 sur l'obligation du livret n'é-

taient plus observées , dans la Colonie, depuis bien des années, vis-à-vis des nationaux.

Aux termes de l'article 12 nouveau, les immigrants continueront d'être astreints à l'ancien livret ; mais qu'est-ce à dire? D'après l'article 12 du décret de 1852, étaient exemptés du livret ceux qui avaient un engagement d'au moins une année ; et c'était le cas des immigrants qui ne contractent jamais pour moins d'une année. Se propose-t-on aujourd'hui de les astreindre à l'ancien livret, nonobstant un engagement de plus d'une année ? Si oui, il faut convenir que cette obligation est surabondante , car les travailleurs étrangers sont munis d'un extrait de leur contrat de louage qui remplace, et au-delà, tous les livrets possibles. En outre, les immigrants étrangers sont désignés ici sous le nom de *travailleurs résidant mais non domiciliés aux colonies* ; cette désignation peut faire naître des difficultés. Ne pourrait-on pas, en effet, prétendre que les étrangers enrôlés par l'Administration française pour plusieurs années, et autorisés par conséquent à résider dans des pays français , sont de plein droit domiciliés dans la colonie où ils opèrent? et ceux-ci n'arriveraient-ils pas, au surplus, à conquérir le bénéfice du domicile , en se conformant aux articles 102 , 103, 104 et 105 du Code civil ? S'il en était ainsi la distinction établie n'aurait plus d'effet ; aussi serait-il peut-être bon de remanier la rédaction de l'article 12.

Le livret facultatif défini par l'article 13 nouveau n'est point le livret que les arrêtés locaux, rendus en exécution de décret de 1852, avaient réglementé ; ce n'est pas non plus le livret professionnel établi dans la Métropole ; c'est un livret *sui generis*, une sorte de *pièce comptable* destinée exclusivement à relater la nature et les conditions du travail, à faire connaître la situation de l'employé vis-à-vis d'employeur, sous le rapport des paiements et des avances. A ce point de vue on peut dire que nos ouvriers créoles se trouveront plus libéralement traités que les ouvriers de la Métropole qui sont encore soumis à la formalité du livret prescrit par la loi du 22 juin 1854.

ART. 14 (NOUVEAU)

Sont applicables aux colonies les articles 12, 13 et 14 de la loi du 22 juin 1854, concernant les fraudes en matière de livret.

(Adopté)

Les dispositions contenues dans les articles 12, 13 et 14 de la loi du 22 juin 1854 se conçoivent avec le livret obligatoire ; mais, elles se conçoivent moins avec le livret facultatif. Nous n'avons vu cependant aucun inconvénient sérieux à les accepter.

ART. 15 (ANCIEN ARTICLE 13)

Toute personne ayant conclu avec des ouvriers ou travailleurs un contrat d'apprentissage ou de louage, d'association, de fermage ou de colonage, d'une durée d'un an au moins, est tenue de faire à la mairie de la commune, dans les dix jours, une déclaration faisant connaître la date et la durée de la convention et portant état nominatif des ouvriers ou travailleurs attachés à l'établissement, à l'exploitation ou aux ouvrages entrepris.

Lorsque le contrat d'engagement a été passé hors de la colonie, il doit être déclaré au maire, dans les dix jours de l'arrivée de l'immigrant dans la commune, par le propriétaire, patron ou chef de l'établissement ou de l'exploitation où sera placé l'engagé.

Toute mutation dans le personnel des ouvriers ou travailleurs, tout renouvellement, toute résiliation de contrat donnera lieu à une pareille déclaration, dans le même délai de dix jours.

Quiconque, se trouvant dans le cas prévu par le présent article, n'aura pas fait, dans les formes et dans les délais déterminés, les déclarations prescrites, sera puni d'une amende de 16 à 100 francs.

(Rejeté)

On n'a jamais tenu la main, à la Réunion du moins, à l'exécution des prescriptions dont s'agit ; parce que les unes, celles des deux premiers alinéas, n'ont guère rencontré d'application ; ensuite parce que les autres, celles du troisième alinéa, n'ont présenté aucun intérêt. D'ailleurs, dans l'économie du décret de 1852, ces prescriptions se reliaient à celles de l'ancien article 12 ; il y avait alors des obligations d'ordre réciproques pour le patron et l'ouvrier ; mais aujourd'hui que le livret obligatoire a disparu, on ne voit pas pourquoi les formalités imposées aux propriétaires seraient maintenues sous la sanction d'une amende. Dira-t-on que ces prescriptions trouveront leur utilité au regard des immigrants ? Soit ; mais on peut répondre que l'autorité sera toujours à même d'être renseignée par les syndics cantonaux sur le mouvement des engagements. Ces considérations nous ont conduits à rejeter l'article 15.

Art. 16 (ancien Article 14 amendé)

Quiconque aura sciemment engagé à son service des travailleurs qui ne seraient pas libres de tout engagement, sera puni de l'amende, et, selon les circonstances,

de l'emprisonnement, prononcé par les articles 475,
476 et 478 du Code pénal colonial.

Dans tous les cas, l'engagiste demeurera civilement
responsable des avances faites aux travailleurs par leurs
précédents employeurs et constatées par inscription aux
livrets restés en dépôt dans les mains des dits employeurs.

(Adopté sous réserve)

Tout ce qui concerne le recel des travailleurs
et l'embauchage figurait dans le décret de 1852
au Titre III, sous la rubrique: *Dispositions de
police et de sûreté.* C'était là, en effet, sa place naturelle. C'est donc à tort que le projet,
changeant la distribution des matières, les a fait
sortir du Titre III, pour les ranger sous le Titre
II qui est relatif, comme on l'a vu, *aux engagements de travail et aux obligations des travailleurs
et de ceux qui les emploient.*

Les mots *quiconque aura sciemment engagé.....*
doivent être entendus *lato sensu* : il n'est pas nécessaire, en effet, pour se rendre coupable du délit
en question, que l'on ait fait contracter *un engagement* en règle à un individu non encore libéré;
il suffit qu'on l'ait admis à son service, sachant
qu'il était encore dans les liens d'un engagement.
Ce fait, à lui seul, est répréhensible, parce qu'il
désorganise les ateliers et cause un préjudice au
véritable engagiste.

L'article 16, comme l'ancien article 14, n'in-
crimine pas l'engagé qui s'est prêté à une sorte
de détournement; et comme, d'un autre côté,
il serait malaisé de le rechercher, en vertu de
l'article 60 du Code pénal sur la complicité, par
suite de la nature toute particulière de l'infraction,
il en résulte que l'un des coupables demeure im-

puni. N'a-t-on vu là, de la part de ce dernier, qu'un fait de désertion devant être réprimé par les seules peines de l'article 7, c'est-à-dire par des retranchements de salaires ? Il semble cependant qu'il y a plus dans le cas de celui qui, abandonnant l'atelier auquel il est attaché, s'en va conniver avec un tiers et s'employer fauduleusement à son service. Il serait peut-être juste et rationnel de décider que le travailleur en faute sera puni des mêmes peines que celui qui l'aura indûment employé.

Le nouvel article 16 mérite, d'autre part, quelque attention : « *Dans tous les cas*, dit le paragra- « phe additionnel, l'employeur demeurera civile- « ment responsable des avances faites par le pré- « cédent engagiste. » Cette rédaction a paru manquer de précision ; les mots *dans tous les cas* se comprennent mal, puisque l'on n'a parlé que d'un fait unique qu'il s'agissait de réprimer : si l'on a voulu exprimer que l'employeur de mauvaise foi est civilement responsable des avances faites par le précédent engagiste, cela ce conçoit ; mais alors il fallait dire tout simplement : *dans ce cas*. Au surplus cette responsabilité n'avait pas besoin d'être écrite, parce qu'elle découle naturellement du principe posé dans les articles 1382 et 1383 du Code civil. On doit donc supposer que le projet a entendu dire quelque chose de plus : son intention, et cela paraît résulter des observations consignées dans le rapport de la Commission de Paris, a été de contraindre à l'avenir tout patron à vérifier au préalable si l'ouvrier avec lequel il va traiter est libre de tout engagement, sous peine de devenir responsable des avances déjà faites à ce dernier ; et, en même temps, on a voulu que le travailleur qui n'offre par lui-même aucune solvabi-

lité ne pût capricieusement abandonner son engagiste et abuser ainsi du crédit qu'il a trouvé. Mais
alors cette dernière disposition, qui ne contient
qu'une obligation civile et qui n'a aucun lien avec
le délit dont on s'est occupé, n'est point à sa
place dans l'article 16, et devrait faire l'objet
d'un article à part.

Mais, voici qui est plus grave : cette même
disposition concerne-t-elle aussi l'engagement des
travailleurs créoles? L'article 14 du décret de
1852 ne distinguait pas, parce que l'article 12 du
même décret était lui-même général. Aujour-
d'hui que le projet a apporté des changements par
les articles 12 et 13, et a substitué un autre régime à l'ancien, il semble que l'incrimination ne
peut plus s'appliquer aux engagements des travailleurs créoles, puisque ceux-ci, en cas de violation du contrat, ne relèvent plus que de
l'article 1142, C. civil. Comment, dès lors, punir
de la peine portée dans le premier paragraphe de
l'article 16 celui qui aura pris à son service
un travailleur créole, qui, bien que non libre
d'un engagement, peut cependant l'enfreindre,
en n'encourant qu'une peine purement civile ?
Aussi, dans ce cas, la seule sanction serait celle
du dernier paragraphe. C'est pourquoi nous avons
adopté l'article 16 sous la réserve qu'il sera remanié de façon à mieux préciser les choses et à
faire disparaître toute équivoque.

ART. 17 (ANCIEN ARTICLE 15)

Quiconque, par dons, promesses, menaces ou mau-
vais conseils, aura déterminé ou excité des gens de travail à abandonner, pendant le cours de leur engagement,
l'exploitation ou l'atelier auquel ils étaient attachés, sera puni d'un emprisonnement d'un an au moins et de

cinq ans au plus, et pourra, en outre, être condamné à une amende de 101 à 500 francs.

(Adopté)

Cet article, qui prévoit et punit les faits d'embauchage, n'a donné lieu à aucune observation. Il est à présumer que, dans la pensée du projet, la disposition qu'il contient est générale et comprend toutes les catégories de travailleurs.

TITRE III

—

DISPOSITIONS DE POLICE ET DE SURETÉ.

—

ART. 18 (ANCIEN ARTICLE 16 MODIFIÉ)

Les vagabonds ou gens sans aveu sont ceux qui, n'ayant pas de moyens de subsistance ou n'exerçant habituellement ni métier, ni profession, ne justifient pas d'un travail habituel suffisant pour leur entretien.

(Amendé)

Le vagabondage est défini en ces termes par l'article 270 du Code pénal métropolitain : « Les « vagabonds ou gens sans aveu sont ceux qui n'ont « *ni domicile certain, ni moyens de subsistance et qui* « *n'exercent habituellement ni métier ni profession.* » C'est ce même article 270 qui avait passé tel quel dans la législation coloniale, lors de la promulgation du Code pénal en 1827.

Trois circonstances caractérisent donc le délit de vagabondage dans le droit criminel français :

1° défaut de domicile certain ; 2° manque de moyens de subsistance ; 3° défaut d'exercice habituel d'un métier ou d'une profession. Mais, le Gouvernement provisoire de la République en décrétant, le 27 avril 1848, l'abolition de l'esclavage, avait senti la nécessité de réagir contre l'oisiveté probable des affranchis. Aussi, par un autre décret du même jour, crut-il devoir prendre quelques mesures : « Considérant, dit-il, que le « travail est la première garantie de la morale et « de l'ordre dans la liberté; que la sécurité gé- « nérale est intéressée à la répression de la men- « dicité et du vagabondage,

« Décrète:

« Article 1er. Dans les colonies où l'esclavage « est aboli par le décret de ce jour, la mendicité « et le vagabondage sont punis correctionnelle- « ment, ainsi qu'il suit: tous mendiants, gens sans « aveu ou vagabonds, seront mis à la disposition « du Gouvernement pour un temps déterminé, « dans les limites de trois à six mois, selon la « gravité des cas. Ils seront, durant ce temps, « employés au profit de l'Etat à des travaux pu- « blics dans des ateliers de discipline dont l'or- « ganisation et le régime seront réglés par un « arrêté du Ministre de la marine et des colonies.

« Les condamnés pourront être renfermés dans « ces ateliers, ou conduits au dehors, pour l'exé- « cution des travaux, sous la garde des agents « de la force publique. »

Le décret s'occupait donc de régler l'application de la peine, sans toucher cependant à la définition ordinaire du vagabondage. Ce furent les commis- saires généraux qui, investis de tous les pouvoirs partagés jusqu'alors entre les Gouverneurs et les

Conseils coloniaux, modifièrent les choses pour les approprier aux événements. On a vu , en effet, plus haut , pour ce qui regarde la Réunion, que l'arrêté local du 24 octobre 1848 avait fait du travail une obligation , et avait même soumis les affranchis à un engagement temporaire. Il avait dit dans son article 13 : « Le défaut de livret de la part « des gens de travail et domestiques, donnera lieu « contre eux à une *présomption de vagabondage* ; en « conséquence ils pourront être poursuivis en con- « formité du décret du 27 avril 1848 sur le va- « gabondage, s'ils ne justifient qu'ils *sont emplo-* « *yés ou qu'ils ont des moyens suffisants d'existen-* « *ce.* » D'après ce texte, pour être réputé vaga- bond il n'était plus besoin que de deux condi- tions : 1° n'avoir pas de moyens suffisants d'exis- tence ; 2° n'être pas employé, c'est-à-dire non pourvu d'un engagement ou d'un livret. La déro- gation au droit ordinaire consistait donc, d'une part, dans la suppression de la circonstance de do- micile, et d'autre part dans la substitution de la condition *d'un emploi* à celle de l'exercice habi- tuel d'un métier ou d'une profession.

Déjà, antérieurement on avait jugé les disposi- tions de l'article 270 insuffisantes pour atteindre avec quelque efficacité le vagabondage dans les colonies. La loi du 18 juillet 1845 avait effecti- vement fait résulter l'état de vagabondage du dé- faut de *moyens suffisants d'existence* et du défaut d'un *engagement de travail*, quand on n'était pas en état de domesticité (1). La circonstance de do- micile avait été supprimée, « parce que , avait dit « le rapporteur de la loi, ce n'est pas le défaut

____

(1) Loi du 18 juillet 1845, art. 16.

« de domicile certain qui rend les vagabonds
« dangereux; c'est l'absence de travail et de mo-
« yens d'existence qui constitue le mal véritable
« contre lequel la société a le droit de se prému-
« nir (1). » De plus, on avait remplacé là aussi
l'exercice habituel d'un métier ou d'une profession par un travail attesté par un engagement ou
un livret. Un peu plus tard, en 1849, quand la
Commission coloniale de Paris s'occupa du même
sujet, elle fut également unanime à proposer une
définition spéciale. D'après l'article 5 du projet d'a-
lors, le domicile était maintenu comme un des éléments de l'incrimination, mais il était plus rigou-
reusement caractérisé. Quant à l'exercice habituel
d'un métier ou d'une profession, on le faisait résulter soit d'un engagement de travail, soit d'un
livret.

Enfin est venu le décret du 13 février 1852,
qui, consacrant la dérogation, avait disposé, en
ces termes, dans son article 16 : « Les vagabonds
« ou gens sans aveu sont ceux qui, n'ayant pas
« de moyens de subsistance, et n'exerçant habi-
« tuellement ni métier ni profession, ne justifient
« pas d'un travail habituel par un engagement
« d'une année au moins ou par leur livret. »
Il n'est plus question, comme on le voit, du
domicile ; mais trois circonstances caractérisent le
délit, savoir : 1° défaut de moyens suffisants d'existence ; 2° défaut d'exercice habituel d'un métier ou
d'une profession ; 3° défaut de travail habituel
attesté par un engagement ou un livret. Cette définition se justifiait, parce qu'elle était en concor-

____

(1) Rapport de M. Mérilhou — séance de la Chambre des pairs
du 5 mai 1845.

dance avec l'économie générale du décret, et en particulier avec les prescriptions de l'article 12 du même décret. Que propose aujourd'hui le projet? Le voici : «Article 18. Les vagabonds ou gens « sans aveu sont ceux qui, n'ayant pas de moyens « de subsistance ou n'exerçant habituellement ni « métier, ni profession, ne justifient pas d'un « travail habituel suffisant pour leur entretien. » Ici, comme dans le décret de 1852, le domicile n'est plus visé, mais l'incrimination comporte encore trois éléments : 1° défaut de moyens suffisants d'existence ; 2° défaut d'exercice habituel d'un métier ou d'une profession ; 3° défaut d'un travail habituel suffisant pour l'entretien. En comparant cet article 18 du projet avec l'ancien article 16 du décret, on constate que le changement réside dans la substitution *du défaut d'un travail habituel suffisant pour l'entretien* au *défaut d'un travail habituel justifié par un engagement d'une année au moins ou par un livret.* Ce changement, il faut le dire, était nécessaire, puisque, aux termes de l'article 13 du projet, l'engagement de travail a été supprimé pour nos créoles et que le livret n'est plus que facultatif pour eux. On comprend, dès lors, qu'aucune de ces deux circonstances ne pouvait plus désormais se prêter à la constitution du fait incriminé. Que faut-il penser de l'équivalent introduit par le projet? Ne sera-ce pas là un de ces éléments incertains, embarrassants pour les tribunaux et variant selon la condition, les besoins et les habitudes du sujet auquel il se rapporte? C'est en doutant du mérite de l'équivalent proposé que nous avons été amenés à préférer et à conseiller le retour pur et simple au droit commun, c'est-à-dire à l'article 270 du Code pénal. Mais nous devons dire ici toute notre pensée : c'est avec raison, croyons-nous, que la loi de 1845, l'arrêté du 24 octobre 1848, la Commission de 1849 et enfin le décret du 13 février 1852 avaient admis que le vagabondage dans les colonies exigeait une définition spéciale. Il faut ajouter qu'à ces différentes époques une pareille définition n'était, en quelque sorte, que la sanction logique du régime légal qui existait; mais aujourd'hui que l'on réforme il n'y a plus place, ce semble, que pour le droit commun. D'ailleurs, l'art. 269 C. P. qui fait du vagabondage un délit repose sur une donnée qui rassure suffisamment : la reconnaissance que le travail est la loi des sociétés civilisées, et le droit pour le législateur de contraindre par voie indirecte l'homme au travail, et de le punir dans le cas où il s'y refuserait, sans pouvoir justifier de ses ressources. « Celui qui n'a ni « domicile, ni moyens de subsistance, ni profes- « sion ou métier, n'est point membre de la cité; « celle-ci peut le rejeter ou le laisser à la dispo- « sition du Gouvernement qui pourra le placer « dans une maison de travail, ou le détenir comme « un être nuisible et dangereux (1). » Tel est le principe de la loi française; et l'article 270 qui en est l'application permettra, ici comme ailleurs, d'atteindre ceux qui, par leur genre de vie, inquiètent la sécurité publique. Nous reconnaissons, avec la Commission de 1849, que *le domicile* sera la chose du monde la plus facile à se procurer dans les colonies, grâce à la facilité des relations; nous reconnaissons encore, avec le rapporteur du projet de loi de 1845, qu'un homme, sous notre climat, par suite de son peu de besoins, peut en un jour s'amasser des ressources pour toute une semaine,

---

(1) Exposé des motifs du Code pénal.

et demeurer dans une fâcheuse oisiveté le reste du temps ; mais entre ces inconvénients et ceux d'une définition devenue impossible ou défectueuse, nous nous sommes attachés à choisir les moindres.

Au surplus, notre résolution est un pas vers l'assimilation qui est désirable toutes les fois que des exigences locales n'y mettent pas obstacle ; et nous sommes ainsi entrés dans les tendances souvent manifestées de beaucoup de membres de la Commission de Paris.

ART. 19 (ANCIEN ARTICLE 18 AMENDÉ)

Seront appliquées aux faits de vagabondage et de mendicité les peines prononcées par le Code pénal colonial.

(Adopté)

L'adoption de la peine prononcée par l'article 271 du Code pénal se justifie maintenant d'autant mieux, que nous avons proposé pour le vagabondage la définition même de l'article 270. Il est vrai qu'au fond la question de pénalité n'a pas grande importance, puisque celle prononcée aussi bien par le décret du 27 avril 1848 que par le décret de 1852, est absolument la même que celle de l'article 271 du Code pénal.

ART. 20 (ANCIEN ARTICLE 19 MODIFIÉ)

Tout fait tendant à troubler l'ordre ou le travail dans les ateliers, chantiers, fabriques ou magasins, tout manquement grave des ouvriers ou travailleurs envers le propriétaire ou chef d'industrie, ou de ce dernier envers ceux qu'il emploie, sera puni d'une amende de 5 à 100 francs, sans préjudice des peines plus fortes encourues en raison des circonstances du fait.

(Adopté)

Toute la modification apportée ici dans l'ancien article 19 réside dans le mot *fait* substitué au mot *délit*, dans la fin du paragraphe.

La disposition avait été empruntée par le décret à l'article 7 du décret métropolitain du 3 août 1810, sur la juridiction des prud'hommes. Mais nous croyons que les mots : « ou *de ce dernier envers ceux qu'il emploie* » ont été ajoutés par le législateur de 1852.

Il va de soi que la phrase : « Sans préjudice des peines plus fortes encourues à raison des circonstances, » ne peut signifier autre chose que si les circonstances concomitantes du fait constituaient, par elles-mêmes, des délits ou crimes, les auteurs pourraient être poursuivis devant les tribunaux compétents à raison de ces délits ou crimes.

ART. 21 (ANCIEN ARTICLE 20)

Quiconque aura volé ou tenté de voler des récoltes ou autres productions utiles de la terre, non encore détachées du sol, dans des cas et avec des circonstances autres que ceux qui sont prévus à l'article 388 du Code pénal colonial, sera puni des peines prononcées par les articles 465 et 466 du dit Code. Le maximum sera appliqué, lorsque le vol aura été commis par deux ou plusieurs personnes.

(*Adopté*)

ART. 22 (ANCIEN ARTICLE 21 AMENDÉ)

Quiconque se sera introduit dans une habitation ou dans un atelier, contrairement à la volonté du propriétaire, de son représentant ou du chef d'atelier, pourra être puni d'une amende de 5 à 100 francs.

La peine sera, en outre, d'un emprisonnement de cinq jours à quinze jours, si le coupable se trouve dans l'un des cas indiqués ci-après :

S'il était porteur d'armes ;

S'il a provoqué au désordre ou à l'abandon du travail ;

S'il a adressé des injures au propriétaire, à sa famille ou à ses préposés.

L'amende sera de 101 à 400 francs, et l'emprisonnement de seize jours à deux ans :

Si l'introduction a eu lieu en réunion de deux ou plusieurs personnes ;

Ou s'il a été fait usage des armes ;

Ou s'il y a eu menace de s'en servir ;

Ou si les provocations ont été suivies d'effet.

Le tout, sans préjudice des peines plus graves qui, à raison des circonstances du délit, seraient prononcées par le Code pénal.

(*Adopté*)

Cet article, qui n'est à peu de chose près que l'article 21 du décret, a donné lieu à un dissentiment au sein de la sous-Commission de Paris. Un membre avait réclamé contre le principe même de la disposition du premier paragraphe, comme se prêtant trop à l'arbitraire et susceptible de devenir une cause de vexations de la part des propriétaires. Mais la majorité a pensé avec juste raison, selon nous, que l'éloignement de la plupart des habitations des centres d'autorité faisait un devoir de prévoir des actes de nature à nuire au bon ordre, et qui seraient d'ailleurs difficilement atteints par l'article 184 du Code pénal, sur la violation de domicile.

Seulement, pour donner satisfaction aux scrupules exprimés, on a substitué, dans le premier alinéa, aux mots *sera puni*, les mots *pourra être puni* ; nous y avons volontiers souscrit.

TITRE IV

—

DISPOSITIONS GÉNÉRALES

—

Art. 23 (ancien Article 22 modifié)

Les individus condamnés à l'emprisonnement, soit pour les faits prévus par les articles qui précèdent, soit pour fait de mendicité, seront soumis, pendant la durée de leur peine, dans les geôles ou dans les ateliers de discipline, à des travaux dont le régime et les conditions seront réglés par des arrêtés du gouverneur en conseil privé et approuvés par le Ministre de la marine.

Ils seront séparés des individus subissant la même peine par suite de condamnations pour contraventions ou délits de droit commun.

Ils n'auront pas de costume distinctif.

La séparation des sexes aura lieu pour tous les genres de travaux.

(Adopté sous réserve)

Ce n'est pas la modification introduite par le projet qui est de nature à nous arrêter, mais bien les observations importantes qui se placent ici.

Nos lois imposent la règle du travail à tous les condamnés, autant dans un intérêt d'hygiène et de moralité que dans le but d'atténuer la dépense considérable que ceux-ci occasionnent à l'Etat pour leur entretien et leur surveillance. Telle est la raison des articles 15, 16, 21 et 40 du Code pénal. L'article 40 notamment, porte que quiconque aura été condamné à l'emprisonnement sera renfermé dans une maison de correction, et y sera employé à l'un des travaux établis dans cette maison, selon son choix. Ce texte exclut-il la faculté de faire travailler au dehors les détenus correctionnels? Assurément oui. Aussi, pour y déroger , dans la Métropole, n'a-t-il pas fallu moins d'un acte législatif, lorsqu'il s'est agi un jour d'autoriser le Ministre de l'intérieur à affecter des condamnés correctionnels à des travaux extérieurs (1). De même, pour y déroger valablement dans les colonies, il n'a pas fallu moins du décret du Gouvernement provisoire, du 27 avril 1848. Cet acte, en ordonnant dans les colonies l'organisation d'ateliers de discipline dans lesquels les individus *condamnés correctionnellement pour mendicité ou vagabondage* devaient être renfermés et employés au profit de l'Etat à des travaux d'intérêt public, avait en même temps décidé, comme on l'a vu plus haut, que ces mêmes individus *pourront être conduits au dehors* pour l'exécution des travaux (2) ; c'est pourquoi l'arrêté du 23 décembre 1848, qui l'a suivi, a pu prescrire que les condamnés en question seraient affectés *aux travaux des différents services publics* ou *à la culture du domaine de l'Etat.* Mais, ce même arrêté a peut-être dépassé l'intention du législateur métropolitain, lorsqu'il a ajouté que les mêmes condamnés pourraient être mis *à la disposition des communes et à celle des exploitations particulières* (3).

Quoi qu'il en soit, un peu après est venu le

_____

(1) Décret-loi du 25 février 1852 sur la réorganisation du travail dans les maisons centrales de force et de correction.

(2) Décret du 27 avril 1848 (article 1er).

(3) Arrêté du Commissaire général de la Réunion, du 23 décembre 1848 (article 2).

décret du 13 février 1852 dont l'article 22 porte que les individus *condamnés à l'emprisonnement*, soit pour *fait de mendicité*, *soit pour faits prévus par les articles qui précèdent*, c'est-à-dire pour vagabondage, engagement fictif, recel ou embauchage de travailleurs, etc..... seront soumis à des travaux *dans les geôles ou les ateliers de discipline*. Il est important de remarquer tout de suite que cet article 22 parle, non *de condamnés correctionnels*, comme le décret de 1848, mais *de condamnés à l'emprisonnement*, ce qui n'est pas la même chose. Cette dernière expression est, en effet, beaucoup plus large, puisqu'elle peut comprendre les individus condamnés à l'emprisonnement pour une simple contravention. Ce qu'il est plus important encore de remarquer, c'est que le même article 22, qui règle l'application des peines encourues pour les diverses infractions prévues au décret, tout en prescrivant encore le travail *dans les geôles ou les ateliers de discipline*, ne dit plus, comme le décret de 1848, que les condamnés *pourront être conduits au dehors*. Il semble donc aussitôt que la règle du travail à l'extérieur ait été rapportée. On n'en peut plus douter, quand on se réfère à l'article 18 du même décret ainsi conçu : « Est abrogé l'article 1er du décret « du 27 avril 1848, concernant la répression du « vagabondage et de la mendicité aux colonies. « Seront appliquées à l'avenir aux faits de vagabondage et de mendicité les peines prononcées « par le Code pénal colonial. » Ainsi ont été également abrogés, par voie de conséquence, tous arrêtés d'exécution, et notamment l'arrêté du 23 décembre 1848 dont nous avons parlé. Que subsistait-il donc alors? Seulement la faculté pour l'Administration locale d'organiser des ateliers de

discipline, dans lesquels seraient renfermés les condamnés à l'emprisonnement pour mendicité, vagabondage et autres infractions prévues au décret
de 1852; rien de plus. Cependant l'usage n'en a
pas moins prévalu, à la Réunion du moins, d'employer, comme par le passé, les sujets en question
à des travaux extérieurs.

Bien plus, il est arrivé que l'Administration,
étendant encore le principe du travail au dehors, a cru pouvoir l'appliquer à d'autres condamnés correctionnels, et à plus forte raison aux réclusionnaires. Il est évident qu'une pareille pratique, contraire aux articles 40 et 21 du Code pénal, n'a pu être valablement décidée par un acte
du pouvoir local. Aussi, a-t-elle donné lieu récem-
ment à des réclamations qui ont ému le Ministre.
Pour la continuer en toute légalité, il faudrait
y être autorisé par une loi, ou tout au moins par
un décret rendu dans la forme d'un règlement
d'administration publique.

Maintenant, convient-il de solliciter la dérogation dont s'agit? Nous l'avons tous pensé.

Le législateur de 1852, comme celui de 1848,
s'est particulièrement inspiré de l'idée que les
infractions à la police du travail devaient, dans le
colonies plus que partout ailleurs, être réparées
par le travail. Or, il n'est pas douteux que les
prescriptions des articles 40 et 21 demeureraient
inapplicables, même avec des ateliers de discipline,
par la raison qu'il y aurait impossibilité d'occuper
utilement les prisonniers dans l'intérieur des
geôles ou des succursales.

Dans la Métropole, les détenus ont la ressource d'être occupés, dans l'intérieur même des
prisons et des maisons centrales, à une infinité
de métiers et d'industries dont les produits sont

facilement écoulés au moyen d'entrepreneurs et d'adjudicataires qui traitent avec l'Administration; mais il n'en est rien ici : peu ou point de métiers et d'industries auxquels pourraient se livrer les détenus; peu ou point de débouchés pour les produits fabriqués. Il en résulterait donc infailliblement, sans le travail au dehors, une oisiveté aussi démoralisatrice pour les détenus que ruineuse pour le budget. Devant un pareil résultat il n'y avait point à balancer.

Toute la difficulté à cet égard réside dans la façon dont la mesure sera conçue : le travail au dehors, une fois admis en principe, devra-t-il être imposé seulement à la catégorie d'individus que visaient le décret de 1848 et le décret de 1852 ? Sans doute, nous savons que les sujets qui sont habituellement frappés pour infractions prévues par ces deux décrets s'accommodent du régime des ateliers opérant sur la voie publique. Mais alors se produit l'anomalie que voici : des individus condamnés pour des infractions à la police du travail, seraient conduits sur les travaux publics, alors que ceux qui auront été condamnés pour des délits plus graves dans l'estime des criminalistes, comme le vol, l'escroquerie, l'abus de confiance, etc., resteraient renfermés dans l'intérieur des prisons. Il y a là, évidemment, quelque chose de contraire à la hiérarchie des peines établie par nos lois pénales. Devra-t-on, pour faire cesser l'anomalie, étendre la mesure indistinctement à tous les condamnés correctionnels, et à plus forte raison aux réclusionnaires ? Mais, ne craindra-t-on pas alors de froisser le sentiment de la population et surtout certaines convenances locales, en conduisant sur les travaux publics des personnes frappées pour duel, délits de presse, outrages, coups et blessures, etc. ?... Sans doute on aura l'idée de faire des distinctions et de créer des catégories ; mais sur quoi se fonder ? Il est peu juridique qu'une même peine, qui est censée représenter le même degré de criminalité, soit exécutée de deux façons différentes. On est donc placé entre deux écueils, ou de laisser à peu près oisifs, entre les quatre murs des geôles et des ateliers, des centaines de détenus ; ou de créer trop arbitrairement des catégories, les unes restant internées, les autres subissant le travail au dehors.

Nous n'avions pas mandat de résoudre la difficulté ; mais il nous était difficile de ne pas la signaler à la prudence des administrateurs. C'est d'ailleurs le sujet lui-même qui a soulevé ces questions délicates et pleines de responsabilité. On ne réforme pas à demi. Aussi, l'Administration fera-t-elle bien, pour être aidée dans sa tâche, de demander le concours de l'Assemblée locale. Elle devra d'autant plus le faire, que l'on ne saurait remanier un régime pénitentiaire, sans se heurter à une question de finance, la moindre transformation, en pareille matière, donnant lieu tout de suite à des dépenses d'appropriation ou de personnel. Quant à nous, on nous a demandé la vérité, nous l'avons dite ; on a voulu savoir ce qui était légal et ce qui ne l'était pas, nous l'avons fait connaître ; là se bornait notre devoir.

Art. 24 (ancien Article 23 modifié)

A défaut, soit de payement immédiat en argent, après les premières poursuites, soit de l'engagement accepté d'un employeur, les amendes prononcées en vertu de la présente loi, ainsi que les condamnations aux frais et dépens, seront de droit converties en journées de travail pour le compte de la colonie ou des communes, d'après le taux et les conditions qui seront déterminés par des arrêtés du gouverneur en conseil privé, approuvés par le Département de la marine, ainsi qu'il a été dit à l'article précédent. Faute d'y satisfaire, les condamnés seront tenus d'acquitter leurs journées de travail dans les ateliers de discipline.

(Adopté)

Se tenant dans le même ordre d'idées que le décret de 1852, le projet consacre à son tour que, à défaut de paiement des amendes, des frais et dépens encourus en vertu de la présente loi, il y aura conversion en journées de travail pour le compte de la colonie ou des communes ; et que, faute d'y satisfaire librement, les condamnés seront tenus d'acquitter leurs journées de travail dans les ateliers de discipline. Cette mesure se justifie-t-elle ? Oui, car elle permet, d'une part, au condamné de s'acquitter, et décharge, d'autre part, le trésor des frais d'entretien occasionnés par ce dernier. Il est certain que ce double avantage ne se rencontre pas avec le système de la contrainte par corps qui n'aboutit qu'à retenir un individu dans une détention sans profit pour lui, ni pour la société, et qui en outre ne libère pas le débiteur, après l'expiration de la durée de la contrainte.

La Métropole nous fournit à cet égard des exemples : Une loi du 18 juin 1859 a autorisé l'administration des forêts à admettre les délinquants insolvables à se libérer des amendes, réparations civiles et frais, au moyen de prestations en nature consistant en travaux d'entretien et d'amélioration dans les forêts ; et antérieurement, une loi du 27 mai 1836 avait disposé que, à défaut de ressources ordinaires, chaque contribuable pourrait s'acquitter, en journées de travail, de la contribution due pour l'entretien des chemins vicinaux.

Nous devons dire, en terminant, que la mesure en question, établie par le décret de 1852 pour les amendes, frais et dépens encourus pour infraction aux dispositions du dit décret, a été étendue, depuis, par l'article 10 du décret impérial du 16 août 1854 à toutes les condamnations à l'amende et aux frais prononcées par les tribunaux de police (1).

Art. 25 (Nouveau)

Le travail sera suspendu dans les ateliers de discipline les dimanches et fêtes.

(Adopté)

Cet article ne fait que consacrer une pratique déjà suivie dans la Colonie : l'article 10 du règlement du 14 février 1856, concernant les ateliers de discipline, porte, en effet, que les dimanches et les fêtes, les disciplinaires ne seront employés qu'à des travaux de propreté.

Art. 26 (Ancien Article 24)

L'article 463 du Code pénal colonial est applicable aux cas prévus par les articles 9, 17 et 22 de la présente loi.

(Adopté)

(1) Décret impérial, du 16 août 1854, sur l'organisation du service judiciaire dans les trois colonies de la Martinique, de la Guadeloupe et de la Réunion.

Art. 27 (Ancien Article 25 amendé)

Les dispositions de la présente loi ne sont applicables qu'aux colonies de la Martinique, de la Guadeloupe, de la Réunion, de la Guyane, de Mayotte, de Nossi-Bé et de Sainte-Marie de Madagascar.

(Adopté)

La Commission a adopté l'article 27, en faisant toutefois une réserve pour ce qui concerne l'application de la présente loi aux îles de Mayotte, de Nossi-Bé et de Sainte-Marie de Madagascar. N'ayant eu, à cet égard, aucuns renseignements propres à l'éclairer, elle s'est abstenue de se prononcer.

Art. 28

Sont et demeurent abrogées toutes les dispositions contraires à la présente loi.

(Adopté)

Notre œuvre se fût terminée là, si, en dehors du projet de loi que nous venons d'examiner, la dépêche du 25 novembre 1875 n'avait demandé l'avis des administrations coloniales sur certains vœux émis par la Commission de Paris. Nous avons compris que ces questions accessoires rentraient dans notre programme d'études.

Les vœux qui nous ont été spécialement signalés sont ceux ayant pour objet : 1° l'extension aux colonies des dispositions de la loi du 2 juin 1874 sur le travail des enfants et des filles mineures employés dans l'industrie ; 2° les cours à faire, dans les ateliers de discipline, par les Frères de

Ploërmel ou autres instituteurs ; 3° l'instruction gratuite dans les communes des colonies ; 4° la suppression du passeport à l'intérieur , en tant que mesure fiscale ; 5° la possibilité de compter les jours de maladie des disciplinaires, en défalcation de leur peine.

Premier vœu. — La loi du 2 juin 1874, comme celle du 22 mars 1871, a été faite pour de grands centres industriels où les chefs d'établissements, tirant parti du travail des enfants, pourraient être amenés à en abuser. Le législateur a donc cru devoir intervenir, dans le but de protéger de jeunes sujets contre les effets d'un travail excessif ou dangereux. Mais , dans les colonies , du moins à la Réunion, le travail des enfants de toute caste, loin d'être recherché, est au contraire le plus souvent rebuté par la raison que ceux-ci se trouvent tout-à-fait impropres aux exploitations ou aux opérations des usines. Et quand d'aventure il est utilisé, ce n'est qu'à des soins de domesticité soit sur les habitations , soit dans les maisons de ville. Le plus souvent, les enfants demeurent auprès de leurs pères et mères qui les laissent oisifs ou les emploient à des métiers ou à quelques petites industries.

En outre , il n'existe dans les colonies ni mines, ni minières , ni carrières à exploiter, ni industries dangereuses ou insalubres. Dès lors, une loi s'appliquant à déterminer des conditions d'âge, à régler et à hiérarchiser l'emploi des enfants, à organiser la surveillance des ateliers , serait ici d'une application nulle ou presque nulle.

Deuxième vœu. — La Commission de Paris s'est exprimée ainsi , dans son rapport : « Nous

« avons désiré que l'atelier de discipline devînt
« un lieu de moralisation et d'amélioration; dans
« ce but, les ateliers seront visités chaque jour
« par les Frères de Ploërmel ou d'autres institu-
« teurs qui y feront des cours à l'usage des con-
« damnés (1). » Il est sans aucun doute on ne
peut plus désirable que l'atelier de discipline,
comme tout pénitencier, devienne un lieu de moralisation; toutes les réformes sollicitées de notre
temps ou apportées dans le régime des prisons ont
noblement tendu vers ce but (2); mais nous avons
quelques raisons de douter, jusqu'à nouvel ordre,
que le personnel habituel des ateliers, qui se com-
pose de sujets de toutes provenances, le plus
souvent illettrés, soit en état d'entendre et d'apprécier la parole des Frères de Ploërmel ou
autres instituteurs. En outre, le séjour peu
prolongé des condamnés dans les ateliers, et d'autre part le manque complet de locaux appropriés
à l'œuvre semblent se prêter mal à l'entreprise.
Nous devons rappeler au surplus que l'arrêté du
23 décembre 1848, toujours en vigueur dans plusieurs de ses dispositions, prescrit déjà l'instruction
religieuse les dimanches et les fêtes (3). Quoi qu'il
en soit, la Commission n'a point été opposée à ce
que l'on fît l'expérience, si on en augure bien;
parce que, en cette matière, tant qu'il reste quelque chose à tenter, le devoir social n'est peut-être
pas entièrement accompli.

(1) Dépêche ministérielle du 25 novembre 1875.

(2) Etude sur la question des peines, par M. Michaux, sous-
directeur des colonies.

(3) Arrêté du Commissaire général de la République du 23
décembre 1848 (article 18).

Troisième vœu. — On a demandé, dit le Ministre, « que l'instruction fût donnée gratuitement aux colonies et que chaque commune fût pourvue d'une école. » Ce vœu se trouve déjà réalisé dans la Colonie, et même au-delà. Depuis plusieurs années, les établissements d'instruction primaire pour filles et garçons se sont multipliés, au point que l'on peut se demander si l'on n'a pas dépassé la mesure : le nombre des écoles laïques ou congréganistes, entretenues par les communes, s'élève dans la Colonie à 118 ; et l'ensemble des allocations affectées annuellement aux dites écoles dépasse le chiffre de 446,000 francs (1). Il y a peu de départements, en France, qui, toute proportion gardée, s'impose pour cet objet des sacrifices budgétaires aussi considérables.

Quatrième vœu. — Un membre de la Commission de Paris a réclamé la suppression du passeport à l'intérieur, en tant que disposition fiscale, les gouverneurs conservant la faculté de l'établir comme mesure de police, quand ils le jugeront nécessaire. Il est certain que le passeport, en général, n'a d'autre but que d'établir l'identité de la personne qui circule d'un lieu à un autre ; il doit donc être avant tout une mesure de police et non une mesure fiscale. Le vœu a rencontré d'autant moins d'opposition, que le passeport à l'intérieur est chose inconnue à la Réunion.

A ce propos, la Commission s'est préoccupée d'un abus qui est à la connaissance de chacun : des individus ne se font pas scrupule de délivrer, moyennant finances, à des travailleurs dans les liens d'un engagement, *des permis de circulation*

______

(1) Etat officiel émanant de la Direction de l'intérieur.

qu'ils signent d'un nom supposé. A l'aide de cette pièce l'homme s'absente à l'insu ou contre le gré de son patron ; et la police, ayant quelque peine à s'assurer de la sincérité de l'écrit, ne peut que laisser passer le porteur. Cette supercherie, qui facilite les désertions et paralyse l'action des agents, n'a pas été prévue et n'est point conséquemment l'objet d'une incrimination légale ; elle ne réunit pas, d'un autre côté, tous les caractères du faux.

Sans doute, on couperait court à cet abus, en exigeant que tout travailleur engagé qui circule soit muni d'une autorisation signée de son engagiste, visée par la police, et soit en même temps nanti de l'extrait de son contrat qui signale son véritable engagiste ; de cette façon les vérifications seront faciles. Néanmoins plusieurs membres ont désiré que le fait en question fût l'objet d'une incrimination spéciale et désormais prévue.

Cinquième vœu. — La Commission de Paris semble n'avoir eu en vue que les *dettiers disciplinaires*, c'est-à-dire ceux qui, aux termes de l'article 24 du projet, ne pouvant payer l'amende, ni les frais et dépens, s'acquittent de leur condamnation en journées de travail dans un atelier de discipline. Mais la dépêche ministérielle parlant d'une façon générale *des disciplinaires*, on ne sait si elle a entendu désigner également ceux qui, d'après le texte de l'article 23 du projet, sont condamnés à l'emprisonnement pour infractions à la police du travail et dirigés sur un atelier de discipline. Il est peu probable que ce soit là l'intention du Ministre ; reste donc le vœu de la Commission de Paris exclusivement relatif *aux dettiers*. Il est de principe que les journées de maladie comptent dans la durée de la peine d'un condamné, parce que, en somme, il reste détenu et satisfait ainsi à la condamnation. Mais la conversion de l'amende en journées de travail n'est pas par elle-même une peine ; elle n'est qu'un moyen de se libérer d'une dette. Or, si le débiteur ne s'acquitte pas par un nombre de journées effectives, comment le considérer comme quitte et libéré? La Commission n'a donc pu s'associer à la demande.

Telles sont , Monsieur le Gouverneur, les résolutions auxquelles s'est arrêtée la Commission que vous avez interrogée.

Maintenant, quel sort est réservé à cette grave question du régime du travail qui préoccupe à si juste titre les sociétés coloniales? Quelles conséquences sortiront des changements apportés? Nul ne peut le dire. Tous, nous désirons que le succès réponde à l'initiative du Ministre qui, en 1872, réunissait dans la Métropole tant d'hommes considérables pour légiférer dans des vues nouvelles. Mais, quoi qu'il arrive, la Commission, dont j'ai l'honneur d'être en ce moment l'interprète, aura la conscience d'avoir examiné les choses sans l'esprit de résistance qui crée l'injustice, et sans l'esprit de système qui pousse aux innovations dangereuses ; elle n'a été, en un mot, ni timide ni exagérée. Unie dans un même désir de progrès et d'améliorations, comme ceux qui avaient été appelés à discuter avant elle sur un plus grand théâtre, elle s'est inspirée, autant qu'elle a pu, de leurs intentions libérales, sans partager toutefois les préventions de quelques-uns contre le régime économique que la nécessité a fait prévaloir dans les pays d'outre-mer. Il est bien assurément d'être de son siècle; mais il faut être aussi de son pays. Les lois ne se font pas seulement avec des principes ; et pour réaliser le bien qu'on attend d'elles et faire la prospérité des états, elles doivent tenir compte des besoins et des circonstances (1).

Saint-Denis, le 26 juin 1876.

Le Rapporteur,

Fortuné Naturel.

(1) NOTA. — La Commission, en adoptant le rapport qui précède, a émis le vœu qu'il fût imprimé et publié.

Typ. de Gabriel Lahuppe, rue du Conseil, 119.
Saint-Denis (Réunion).

www.ingramcontent.com/pod-product-compliance
Lightning Source LLC
Chambersburg PA
CBHW051144050726
47594CB00003B/1238